DISCOURS

DE

M. LE CHEVALIER ALLENT,

COMMISSAIRE DU ROI,

Sur le Crédit de 1,500,000 fr. demandé pour l'arriéré des Pensions militaires.

IMPRIMÉ PAR ORDRE DE LA CHAMBRE.

DISCOURS

DE

M. LE CHEVALIER ALLENT,

COMMISSAIRE DU ROI,

Sur le Crédit de 1,500,000 fr. demandé pour l'arriéré des Pensions militaires.

Séance du 9 Juin 1819.

MESSIEURS,

Avant que la discussion s'engage sur la proposition qui vous est soumise, il est nécessaire d'établir la question, et de mettre sous vos yeux les faits et les considérations qui peuvent servir à la résoudre.

L'article 4 du projet de loi que vous examinez, demande un crédit extraordinaire de 1,500,000 francs pour *l'inscription* d'un arriéré de pensions militaires ; trop considérable pour qu'on puisse les inscrire dans le crédit ordinaire limité à la moitié des extinctions, par l'article 32 de la loi du 25 mars 1817. Le chapitre II des dépenses du Ministre des finances comprend, dans le crédit demandé pour les arrérages, les pensions militaires, la même somme de 1,500,000 francs, nécessaire au *paiement* des pensions, dont l'art. 4 aura permis l'inscription.

Votre commission propose de supprimer l'article 4, et de retrancher, du crédit des pensions militaires, les 1,500,000 fr. demandés.

Votre décision sur l'une de ces propositions s'appliquera donc à l'autre, et, si vous refusez le crédit nécessaire au paiement, vous aurez refusé celui qu'exige l'inscription qui le précède et qui peut seule y donner titre.

La décision est difficile. En effet, il faut déroger à la loi du 25 mars 1817, ou à la législation antérieure, accorder un crédit qui ajoute aux charges publiques, ou laisser dans le besoin des militaires ou des veuves et orphelins

de militaires , qui ont, aux pensions qu'ils réclament, un droit ancien et légal.

Il ne s'agit , dans ces pensions , ni de celles
qui peuvent être acquises à des militaires en
activité de service, ni de celles qui peuvent être
accordées sur les fonds de demi-soldes , dans la
limite de ce fonds ; ni de celles qui sont payées
à des militaires sujets à la visite annuelle. Ces
pensions sont l'objet des mesures proposées
dans les articles 5 , 6, 7 et 8 ; mais ce sont des
mesures d'ordre et qui n'ajoutent rien aux crédits sur lesquels ces diverses classes de pensions
ont été payées , dans les exercices antérieurs ,
sur le budget de la guerre.

Il n'est question , dans l'article 4 , que de
militaires en retraite qui n'ont et ne peuvent
avoir, sur ce budget, ni traitement d'activité
ou de réforme, ni demi-solde, ni de ces traitemens conservés que la loi du 15 mai 1818 interdit, sous quelque dénomination que ce soit.
Il n'est question que de veuves et orphelins de
militaires , qui n'ont rien conservé du traitement de leur époux ou de leur père. La pension
qu'ils réclament est , pour un grand nombre ,
leur unique ressource : ils y ont un droit , pour
la plupart, antérieur à la loi du 25 mars 1817 ,
et fondé pour tous sur des lois et règlemens

qu'elle a reconnus comme bases légales de ces pensions.

Je me borne, Messieurs, à constater leur position. D'honorables membres essaieront sans doute de vous toucher en faveur de ces braves que leurs blessures ont vieillis avant le temps, ou qui ont, pendant trente années, renoncé à la vie civile, vécu sous la discipline, affronté les périls, enduré des privations et des fatigues plus pénibles que les combats. D'autres évoqueront peut-être, à l'appui de ces veuves et de ces orphelins, l'ombre de leurs époux et de leurs pères morts pour la patrie. Le Roi, Messieurs, ne veut parler qu'à votre raison : c'est elle sur-tout qu'il faut satisfaire ; votre cœur fera le reste, et si vous êtes convaincus, vous serez assez persuadés.

C'est dans cet esprit que je m'attacherai sur-tout à l'exposition des faits. S'ils sont bien établis, la discussion sera courte et la décision en sortira sans effort.

Tout embarras dans les affaires publiques ou privées a son origine qu'il faut, avant tout, reconnaître. L'arriéré qui nous occupe a la sienne dans la différence qui s'est trouvée entre le *crédit demandé* par le projet de loi du Gouvernement, sur les recettes et dépenses de

117 , pour le paiement des pensions militaires, et le crédit accordé pour ce même paiement par la loi du 25 mars 1817.

Dans le *projet de loi*, le tableau annexé à
l'article 5 , sous la lettre **G** , demandait pour
le paiement des pensions à la charge du trésor,
un crédit total de 24 millions. Le détail
donné dans la colonne d'observation de ce
tableau , les états à l'appui et le rapport au
Roi , prouvent que ce crédit de 24 millions
comprenait une somme de 6,670,025 francs ,
pour le paiement des pensions militaires de
trois mille francs et au dessus , inscrites ou
à inscrire au trésor , savoir :

Pensions inscrites................ 5,462,885 f.
Pensions à inscrire.............. 1,207,140
                                   ____
Somme pareille........ 6,670,025

Le rapport au Roi annonçait de plus (page 80) ,
que cette classe de pensions pourrait , d'après
de nouvelles liquidations , s'élever à sept
millions.

Les pensions militaires au dessous de trois
mille francs étaient encore, dans ce projet de
loi , portées au budget de la guerre. Ce budget et le rapport au Roi (page 81) demandaient,
pour ces pensions et pour les traitemens de

réforme, une somme de 47 millions. Les traitemens de réforme s'élevaient à 700,000 f. Il restait donc pour les pensions à la charge de la guerre...... 46,300,000 f.

Mais sur ces fonds 1,700,000 f. étaient affectés au paiement des pensions dues aux militaires sujets à la visite annuelle ci.... 1,700,000

La somme applicable au paiement des pensions viagères se réduit donc à 44,600,000

Ce crédit de 44,600,000 francs suffisait au paiement des pensions de cette nature accordées ou reconnues comme donnant droit à des arrérages exigibles dans le courant de l'exercice. Mais, comme nous le verrons, il était loin de comprendre les pensions en cours de liquidation, ou acquises et non vérifiées, qui ne devaient donner lieu à aucun paiement en 1807.

En réunissant les deux crédits demandés, on voit que le paiement des pensions *viagères* à la charge de l'État, pour services militaires exigeait un crédit total de 51,270,025 fr. savoir :

(9)

Pour les pensions à la charge
du trésor................... 44,600,000 fr.
Pour les pensions à la charge
de la guerre............... 6,670,025
Somme pareille........ 51,270,025

Examinons maintenant le crédit fait par la
loi du 25 mars 1817, pour le *paiement* de ces
mêmes pensions, et les règles qu'elle a établies
pour l'inscription et le paiement de toutes les
pensions viagères.

Les articles 22, 23, 24, 25 et 26 de la loi
ordonnent l'inscription au trésor et le paiement sur les fonds généraux, de toutes les
pensions viagères à la charge de l'État, an-
ciennes ou nouvelles, au dessous comme au
dessus de 3,000 francs, et déterminent les
règles de cette inscription. Ces dispositions ont
écarté l'article 30 du projet de loi, qui excep-
tait de l'inscription et laissait au budget de la
guerre les pensions ou soldes de retraite viagères, au dessous de 3,000 francs.

L'art. 28 excepte de l'inscription les pensions
des militaires sujets à la visite annuelle; mais
l'article 35 décide que le crédit nécessaire au
paiement de ces pensions conditionnelles, sera
réuni au crédit des pensions viagères, et ne

sera mis à la disposition du Ministre de la guerre, qu'en vertu d'une ordonnance du Roi, et jusqu'à concurrence seulement de la somme nécessaire pour acquitter les pensions dues en vertu de la visite.

L'article 30 fixe à 20,000,000 le fonds permanent des pensions viagères à la charge de l'État, pour services militaires.

L'article 32 limite à la *moitié des extinctions* constatées au commencement de chaque semestre le montant des pensions nouvelles qui pourront être inscrites au trésor, dans le courant de chaque année, jusqu'à ce que l'*excédant temporaire* des pensions soit éteint, et que leur masse ait été ramenée dans les limites du fonds permanent.

Ainsi, par l'article 32, la seconde moitié au moins des extinctions demeure affectée au décroissement annuel de l'excédant temporaire.

Enfin, le tableau annexé à l'article 19, sous la lettre F, fixe comme il suit le crédit des pensions militaires pour l'exercice 1817 :

Maximum permanent....... 20,000,000 fr.

Excédant temporaire, *jusqu'aux extinctions* prévues par l'article 32, titre IV de la loi... 31,762,317

Total......... 31,762,317

(11)

Mais., aux termes des articles 28 et 35 de la loi, ce crédit total comprend le crédit particulier, affecté aux pensions conditionnelles et non sujettes à l'inscription des militaires soumis à la visite annuelle................ 1,700,000 fr.

Le crédit affecté aux pensions viagères, inscrites ou à inscrire, le réduit donc à............. 50,662,307

La connexité du tableau coté F avec les articles de la loi et le renvoi qu'il fait à l'article 32, ont donc fait du crédit de 50,062,317 fr., un crédit limitatif de l'inscription et des paiemens de toutes les pensions militaires à titre viager.

C'est en effet ce crédit qui a servi de base aux opérations du trésor dans l'exécution de la loi.

Comparons maintenant le crédit accordé par la loi au crédit demandé par le projet.

Ce projet, comme tout le prouve, demandait pour les pensions inscrites ou à inscrire, dont le paiement serait exigible en 1817, et non compris celles dont le paiement ne serait dû qu'après cet exercice, un crédit total de.................. 51,278,025 f.

La loi réduisait ce crédit à.... 50,062,317
La différence en moins est de. 1,207,708

(12)

Cette différence vient évidemment de ce que les rédacteurs du tableau, dans l'évaluation du crédit à faire, n'ont porté, dans le relevé des pensions de 3,000 francs et au dessus, que les 5,462,885 fr. inscrits au 1er juillet 1816, et ont négligé les 1,207,140 fr. de pensions portées dans le tableau G et dans les états à l'appui, comme à incrire à cette époque. Les deux sommes ne varient en effet que de 568 f., erreur légère et facile à expliquer par la multiplicité des calculs qu'entraîne la fixation d'un budget.

Ainsi, Messieurs, la loi du 25 mars 1817, à l'instant même où elle a été portée, consacrait dans le crédit d'inscription une première insuffisance de 1,200,000 fr.

Le rapport au Roi (page 81) permettait dès-lors d'évaluer cette insuffisance à plus d'un million 500,000 fr., puisqu'il annonçait que les pensions de 3,000 fr. et au dessus, pour le paiement desquelles on ne demandait que 6 millions 670,000 fr., s'élèveraient à 7,000,000 fr., par les liquidations commencées.

Enfin, tout prouve que, pour cette seule classe de pensions, le crédit légal laissait en dehors, des pensions acquises et à liquider, pour une somme de 1,900,000 fr. à 2 millions.

Le Ministre de la guerre, dans les notes et les

contre-projets qu'il adressait au Ministre des finances ou à la commission du budget, annonçait une égale insuffisance dans la part de ce crédit qui s'appliquait aux pensions ou soldes de retraite viagères au dessous de 3,000 fr., et demandait qu'au moins on y suppléât, en affectant à l'inscription des pensions omises dans l'évaluation, *la totalité des extinctions*, pendant plusieurs années.

On rejeta cette demande qui eût arrêté le décroissement graduel de l'excédant temporaire. Mais on n'augmenta point le crédit, dans l'espoir, sans doute, qu'il suffirait, avec la *moitié des extinctions*, à l'inscription seulement un peu plus lente des pensions à liquider.

Telle est, Messieurs, l'origine, la cause première de *l'arriéré* des pensions à inscrire.

Évaluons maintenant cet arriéré et le crédit nécessaire, pour mettre à jour les inscriptions des pensions acquises.

Des états détaillés, dressés avec soin, appuyés de notes explicatives, états que j'ai sous la main, et qui peuvent être lus ou distribués à la Chambre, selon qu'elle en exprimera le désir, prouvent que les pensions viagères, de toutes sommes accordées, en cours de liquidation ou

acquises au 25 *mars* 1817, montaient (en né-
gligeant les chiffres au dessous de mille), à
une somme totale de 5,408,000 fr.

Ces mêmes états prouvent que cet arriéré de
3,408,000 fr. de pensions acquises avant le 25
mars 1817, diminué de la moitié des extinctions,
mais augmenté des pensions acquises depuis le
25 mars, forme, avec ces pensions, une masse
de pensions à inscrire, qui s'élevait encore, au
1er janvier 1819, à............. 2,975,000 f.

En supposant même que la *moitié des extinctions* de 1819, fût,
à l'exclusion de toute pension, ac-
quise dans le courant de cet exercice, réservée toute entière à l'inscription des pensions arriérées, et
qu'elle s'élevât, d'après les décès
ou déchéances constatés dans le
premier trimestre, à........... 832,000

Il resterait encore à inscrire au
1er janvier 1820, des pensions arriérées pour................... 2,143,000

Vous apercevez, Messieurs, tout le temps
qu'il faudrait pour mettre à jour cet *arriéré,*
même en supposant que la moitié des extinctions s'élevât à plus de 832,000 francs par
année.

Il était impossible de laisser aussi long-temps dans l'attente et le besoin des militaires et des veuves, dénués, la plupart, de toute ressource.

Convaincu, par l'expérience, de l'insuffisance absolue de la moitié des extinctions, pour les tirer de cette situation pénible, le Roi a chargé ses Ministres de la guerre et des finances, de déterminer le crédit extraordinaire qu'exigerait l'inscription de cet *arriéré*.

Sur les 2,900,000 fr. de pensions à inscrire au 1ᵉʳ janvier 1819, il en est dont l'inscription est suspendue faute de réclamation ou de production de pièces requises. Une partie sans doute pourra tomber en déchéance ou s'éteindre par décès. Les mêmes causes et les liquidations réduiront aussi le reste de cet arriéré. Les Ministres présument donc qu'un crédit extraordinaire de 1,500,000 fr. permettra d'inscrire à peu près toutes les pensions arriérées, dont les titulaires sont en instance.

Telle est, Messieurs, la série des faits et des calculs d'après lesquels a été établi le crédit demandé.

Il me reste à vous indiquer en peu de mots, sauf à les développer si la discussion l'exige, les considérations qui justifient cette demande.

Comme je l'ai dit, il faut déroger à la loi du 25 mars ou aux lois et règlemens qu'elle a reconnus comme bases des pensions à liquider.

Les droits des militaires et des veuves qui réclament, reposent sur ces bases légales, et pour la plupart sont acquis avant la loi du 25 mars.

Ils ne jouissent d'aucune solde ou demi-solde. La loi du 15 mai interdit tout paiement de leurs pensions sur les fonds de la guerre à titre de traitement conservé ou à tout autre titre. Tout ce qu'on peut faire, est d'accorder un asyle et de faible secours aux plus malheureux.

L'équité ne permet pas qu'ils souffrent davantage d'une erreur qui n'est pas de leur fait et dont ils n'ont déjà que trop souffert.

Sans doute il est fâcheux d'être obligé, pour la réparer, de déroger à la régle établie par l'article 32 de la loi du 25 mars 1817.

Mais cette règle n'est au fond que la détermination d'un crédit annuel d'inscription, variable de sa nature, supérieur aux besoins, pendant la paix, inférieur à ces besoins dans le cours ou à la fin de la guerre.

La règle d'ailleurs ne sera pas détruite, si

c'est la loi qui fait et limite l'exception. Les bar
rières que vous avez posées avec sagesse ne se-
ront pas brisées, si vous les rouvrez pour un
acte de justice, et si vous les refermez à l'instant
même.

Je termine ici cet exposé. Il n'a, je le répète,
d'autre objet que d'établir la question. Vous
avez, Messieurs, deux intérêts à balancer, celui
de l'État et celui des pensionnaires. Le main-
tien de la règle est d'un côté avec l'économie :
de l'autre sont la justice et l'humanité.

RÉPLIQUE

DE

M. LE CHEVALIER ALLENT,

Aux Observations de MM. DE VILLÈLE et ROY, sur le même sujet.

L'honorable préopinant ne s'oppose pas à l'inscription de *l'arriéré* de pensions militaires. Mais il paraît croire que cette inscription peut avoir lieu par une mesure d'ordre et d'administration, et que le paiement peut être fait par une mesure analogue, sur les 4 *millions d'arrérages non réclamés* qui restent au trésor.

Je prie, avant tout, la Chambre de considérer que ces quatre millions ne sont pas disponibles.

Non, Messieurs, ils ne sont pas disponibles. Ce sont des *arrérages de pensions inscrites* qui appartiennent aux titulaires de ces pensions; qu'il faut tenir à leur disposition et acquitter sur leur demande, jusqu'à l'expiration du terme de *trois années*, qu'un arrêté du Gouvernement consulaire fixe pour la déchéance et la radiation des pensions non réclamées. Une loi peut abréger ce délai; mais jusques là il faut le respecter.

Alors même que la déchéance, le décès, et les autres causes de radiations laissent disponibles quelques parties de ces arrérages non réclamés, ils entrent alors dans les extinctions, et servent, moitié à des inscriptions nouvelles, moitié au décroissement graduel de l'excédant temporaire.

Enfin, quand ces arrérages non réclamés, seraient aussi disponibles qu'ils le sont peu, pour le paiement d'autres pensions, c'est l'*inscription* qui donne titre au *paiement*, et si le paiement en est la conséquence, à défaut d'un crédit spécial, il faudrait, pour y appliquer les arrérages non réclamés, deux dispositions législatives (et non pas réglementaires); il faudrait autoriser premièrement l'*inscription*, et en second lieu, l'*application au paie-*

ment de ces pensions à inscrire , des *arrérages non réclamés* des pensions inscrites.

J'arrive maintenant aux calculs de votre honorable rapporteur. Qu'il me permette d'opposer à ces calculs qu'il vient de faire à la hâte, des calculs faits et vérifiés à loisir, et dont j'offre de lui donner et de soumettre à la Chambre tous les élémens. Il reconnaîtra que le *crédit demandé* par le projet de loi de finances de 1817, pour les pensions militaires *à titre viager*, était en effet de 51,270,000 fr.; que le *crédit accordé* par la loi du 28 mars 1817, pour ces mêmes pensions *viagères*, n'a été que de 50,063,000 f.; qu'il en est résulté une première différence *en moins* de 1,207,000 fr.; que cette différence, pour les seules pensions au dessus de 3,000 fr., montait, comme je l'ai dit, de 1,900,000 à 2,000,000; qu'elles s'élèvent, pour la totalité des pensions viagères, à 3,408,000 f.; qu'enfin cette omission dans le crédit d'inscription et de paiement fixé par le tableau F de la loi du 25 mars 1817, portait uniquement sur des pensions accordées, en liquidation, ou acquises au 25 mars 1817.

Cet examen le convaincrait en même temps qu'on appliquait à diminuer cet *arriéré*, la moitié des extinctions, il s'augmentait des pensions acquises depuis le 25 mars; que l'*arriéré* restant au 1er janvier 1819 était de 2,975,000 f.; qu'il serait encore de 2,143,000 fr. au 1er janvier 1820, quand on suspendrait toute admission à la retraite en 1819; qu'en tenant compte des décès, déchéances et autres causes de radiations, il ne faut rien moins que le crédit de 1,500,000 f. demandés pour inscrire un *arriéré* de pensions aussi considérable.

Le Ministre, Messieurs, ne doit, ne peut appliquer ce crédit extraordinaire qu'aux pensions arriérées, et souscrit d'avance, à tout ce qui peut garantir cette application. Mais l'Etat ne peut refuser plus long-temps ce qu'il doit à des créanciers non moins légitimes que ceux dont vous avez assuré tous les droits.

Sans doute, Messieurs, il m'est pénible d'avoir à vous demander, en leur faveur, un accroissement aux charges de l'Etat; il ne l'est pas moins à votre honorable rapporteur de défendre contre eux la fortune publique; mais il est une situation plus pénible que la nôtre, c'est celle de ces braves militaires, de ces veuves, de ces orphelins qui attendent, dans la misère et la douleur, une pension à laquelle ils ont un titre égal, ancien, antérieur à la loi qui, sans dessein, s'oppose au juste exercice de leurs droits.

MACQUART, Imprimeur de la Chambre des Députés, rue Gît-le-Cœur, n° 8.